UNE VISITE

A

MONSIEUR LE DUC DE BORDEAUX.

DU MÊME AUTEUR :

HARPE HELVÉTIQUE, 1 vol. in-8.
LE DERNIER JOUR DE MISSOLONGHI, in-8.
MÉLODIES HELVÉTIQUES, 1 vol. in-12.
ROME SOUTERRAINE, 2 vol. in-8. Sixième édition.
UNE ANNÉE EN ESPAGNE, 2 vol. in-8.
CHAVORNAY, 2 vol. in-8. Deuxième édition.
ROMANS DU MAROC, 4 vol. in-8. Deuxième édition.
NATIONALITÉ FRANÇAISE, 1 vol. in-18.
CAMPAGNE DE ROME, 1 vol. in-8. Deuxième édition.
RACCOLTA, 2 vol. in-8.
QUESTION SUISSE, broch. in-8.
PROMENADE AU MAROC, 1 vol. in-8.
CAROLINE EN SICILE, 4 vol. in-8.
LA PORTE D'IVOIRE, 1 vol. in-8.

Paris. — Imp. Lacrampe fils et Comp., rue Damiette, 2.

UNE VISITE

A

MONSIEUR LE DUC DE BORDEAUX

PAR

CHARLES DIDIER.

CINQUIÈME ÉDITION.

PARIS,
MICHEL LÉVY FRÈRES, LIBRAIRES-ÉDITEURS.
RUE VIVIENNE, 1.
—
1849.

Je prends la plume pour démentir au grand soleil de la publicité de ténébreuses calomnies, et pour confondre des impostures anonymes. Il y a plus d'une manœuvre en jeu dans l'intrigue dont il s'agit, toutes aussi perfides, aussi venimeuses.

J'évoque ici, cela va sans dire, celles-là seulement qui, par leur nature, tombent de droit sous la juridiction de la publicité. Il suffira, pour les déjouer, de les traîner dans cette franche arène de vérité, où, comme dit l'Évangile, à propos du jugement universel, tout ce qui est caché dans les ténèbres sera manifesté au grand jour.

Je me suis tû longtemps, trop long-temps peut-être; mais enfin le même sentiment qui dans un temps commande le silence, oblige à le rompre dans un autre.

Voici les faits :

Fort peu de temps après la révolution de février, j'avais reçu une mission à l'étranger, qui, en tout temps, eût été délicate, et qui alors n'était pas exempte d'un certain péril. Je partis. Il ne serait ni convenable ni opportun d'en dire là-dessus davantage. Un homme qui a mis au service de la démocratie une gloire, un génie, un courage hors ligne, M. de Lamartine tenait le portefeuille des affaires étrangères : c'est de lui que j'avais reçu mes instructions, c'est avec lui que j'ai correspondu ; c'est donc à lui, à lui seul qu'il appartient de dire si j'ai justifié la confiance qu'on avait mise en moi.

Ma mission finit avec le gouvernement qui me l'avait donnée. Je me trouvais en ce moment à six cents lieues de Paris, à l'extrême frontière de la Pologne autrichienne; je profitai de mon retour pour visiter, mais désormais en simple voyageur et sans caractère aucun, la Hongrie et la Croatie prêtes alors à en venir aux mains, deux grands tiers de l'Allemagne et jusqu'au Danemark où la question des Duchés était encore pendante. Je ne revins à Paris que dans le courant de septembre.

J'avais séjourné à Vienne deux fois, au mois d'avril et au mois d'août; j'y avais formé dans les différents partis des relations importantes; j'avais fait une étude assidue de la question autrichienne, question immense qui porte en elle les destinées du continent européen.

Lorsqu'éclatèrent à Vienne les événements d'octobre, on devine à quel point j'en fus préoccupé. Plusieurs des hommes avec lesquels j'étais en rapport se trouvaient en scène, sur le premier plan; les questions dont l'étude m'avait absorbé plusieurs mois allaient recevoir une solution; or, cette solution, quelle serait-elle? Donnerait-elle raison à mes prévisions? Les démentirait-elle? J'étais jaloux d'en juger par moi-même et curieux de suivre les événements par mes yeux, non par ceux des autres.

Les récits des journaux les mieux informés, ceux même des correspondances particulières, sont tous inévitablement entachés de partialité : ce ne sont jamais, après tout, que les appréciations d'un individu aveuglé d'ordinaire par l'esprit de parti, quand il ne l'est pas par l'intérêt personnel. Veut-on savoir?... il faut voir ; surtout lorsqu'on peut être appelé, d'un moment à l'autre, à rendre compte au public de ce qu'on sait, et qu'on désire sincèrement dévouer au pays, en temps utile, le fruit de ses travaux. Rien ne compense l'*ipse vidi*, si ce n'est pourtant le *quorum pars magna fui*.

Bref, je repartis pour Vienne.

J'y rentrai presque en même temps que le Ban de Croatie Jellachisch, et si je ne dis pas le prince Windischgraëtz, c'est qu'il a dédaigné d'y rentrer de sa personne et n'a point quitté son quartier-général de Schœnbrünn. Parmi les hommes politiques avec lesquels j'avais été en relation, même en correspondance, l'un était ministre, plusieurs proscrits, un autre était fusillé. L'empereur abdiqua.

Je raconte ici, je ne discute ni ne juge.

C'était la troisième fois que je voyais Vienne dans l'année ; ce troisième séjour dura un mois environ, partagé entre Kremsier où siégeait la diète intimidée, et Vienne même où régnaient l'état de siége, les commissions militaires, la réaction en un mot avec toutes ses violences. Le faisceau de la monarchie autrichienne, quelque temps relâché, jamais brisé, se resserrait dans la tourmente. Ce résultat était prévu de tous ceux qui, ayant suivi deprès les diverses phases de la révolution, ne pouvaient se faire aucune illusion sur le véritable esprit de l'armée et des masses.

Quand j'eus appris ce que je voulais apprendre et vu ce que je voulais voir, rien ne me retenait plus à Vienne et je quittai cette ville pour revenir en France par l'Illyrie, Venise, la Lombardie et le Piémont.

Me voici parvenu au point critique de ma narration, à l'épisode de mon voyage qui a soulevé contre moi les calomnies auxquelles je réponds. Peut-être aurais-je pu me dispenser de leur faire cet honneur; mais, si absurde que soit une calomnie, elle peut faire tache à la longue si elle n'est combattue; le silence du dédain n'est pas toujours une défense suffisante; il peut même quelquefois passer pour un aveu.

Je continue mon récit; lisez et jugez.

Lors de mon premier voyage, allant de Croatie à Vienne, j'avais lié conversation sur le chemin de fer avec un Français établi à Gratz; comme nous approchions de la petite ville de Neustadt : — C'est là-bas, me dit-il en indiquant du doigt la frontière hongroise, qu'est le château de Frohsdorf. — Et qu'est-ce que le château de Frohsdorf? lui demandai-je. — Comment, vous l'ignorez? C'est la résidence de monsieur le duc de Bordeaux. — Je l'ignorais en effet, et c'est ainsi que je l'appris.

Passant aussi près du prétendant de la légitimité, j'eusse été curieux, je l'avoue, de lui faire une visite, ne fût-ce qu'à titre de Français. Un de mes amis, non moins éloigné que moi des opinions légitimistes, lui en avait fait une à Belgrave Square et avait été bien reçu, malgré l'indépendance démocratique de son langage et ses antécédents bien connus. Mais la situation particulière où j'étais alors ne me permettait pas d'imiter cet exemple. Ma mission était terminée, c'est vrai, mais enfin j'en revenais, et, dans cette position sem-iofficielle, il m'eût paru mal séant de me présenter chez monsieur le duc de Bordeaux. C'eût été une inconvenance pour lui, pour moi, pour ceux qui m'avaient envoyé. Je m'abstins donc et m'en tins au renseignement topographique que le hasard m'avait donné.

Quatre mois plus tard, au moment de partir pour mon second voyage, et la veille même de mon départ, un de mes amis de Paris, M. le vicomte d'Yzarn Freissinet, m'offrit pour M. le duc de Lévis, qui habite Frohsdorf, une lettre que j'acceptai et qu'il me remit dans un salon, où précisément en ce moment se trouvait M. Louis-Napoléon Bonaparte, quarante jours avant son élection. Ce rapprochement, tout fortuit, ne laissait pas d'être piquant. J'étais là, pour ainsi dire, entre deux prétendants, séparés, il est vrai, par cinq cents lieues; mais en quittant l'un, j'allais voir l'autre. Il ne m'a manqué, pour compléter cette galerie d'histoire contemporaine, qu'un voyage en Angleterre ; car là sans doute aussi plus d'un prétendant est au jeu, ou du moins croit y être, dans la grande partie qui se joue en France, en Europe, sur l'échiquier brûlant de la politique.

Quoique Frohsdorf ne soit guère éloigné de Vienne que d'une douzaine de lieues, et que, grâce au chemin de fer, le voyage se fasse en deux heures, le temps m'avait toujours manqué pour aller rendre à M. de Lévis la lettre de M. de Freissinet. Je l'avais en poche depuis six semaines, et, malgré mon intention formelle d'en faire usage, je l'aurais peut-être encore si une occasion toute naturelle de la remettre enfin ne se fût présentée.

M'étant décidé à revenir en France par Trieste, je devais nécessairement repasser devant Frohsdorf; je résolus de m'y arrêter; car cette fois je n'étais plus, comme la première, gêné par des considérations de bienséance politique; simple voyageur, absolument libre de mes actions, j'allais où je voulais aller, je voyais qui je voulais voir, et je dois dire que j'ai usé largement de cette précieuse liberté.

Je n'avais aucun motif pour dissimuler mon projet, et ne le cachai nullement à mon départ de Paris; quant à Vienne, vous allez voir à quel point je poussai la dissimulation.

La veille ou l'avant-veille de mon départ, je dînais à l'ambassade de France avec M. de L., chargé des intérêts particuliers du duc de Modène à Vienne, après y avoir été précédemment son chargé d'affaires diplomatique. Madame la duchesse de Bordeaux étant une princesse de Modène, M. de L. a naturellement des relations suivies avec Frohsdorf; c'est donc à lui que je m'adressai, à table même et devant tout le monde, pour les renseignements dont j'avais besoin, et ce fut lui qui me traça, avec le même mystère, mon itinéraire du lendemain, m'indiquant la station du chemin de fer où je devais m'arrêter, l'auberge où je devais descendre, l'endroit où je trouverais une voiture pour Frohsdorf, l'heure, enfin, la plus sûre pour me présenter au château.

Je demande grâce pour ces menus détails, ils m'ont paru nécessaires : on prouve, en disant tout, qu'on n'a rien à cacher. Le meilleur moyen de déjouer, de confondre l'intrigue, est de verser sur elle à grands flots la lumière d'une publicité sans réserve.

Je suivis de point en point l'instruction de M. de L., et à l'heure dite j'étais à Frohsdorf. M. de Lévis me fit l'honneur de me présenter à monsieur le duc et à madame la duchesse de Bordeaux, à madame la duchesse d'Angoulême; on eut la politesse de me retenir à dîner, on voulait me retenir plus longtemps, mais le temps me pressait; je ne passai au château que la soirée, et dans la nuit j'étais de retour à la station du chemin de fer qui devait m'emmener à Trieste.

Voilà le crime dans toute son horreur et avec les circonstances effroyables qui l'ont aggravé.

Certes, j'étais loin de prévoir qu'une démarche si indifférente en elle-même et surtout si innocente, serait incriminée par la malveillance. Même avant mon retour à Paris, ma visite à Frohsdorf y était connue et commentée... Dieu sait comment. Les uns, confondant les dates à dessein, soutenaient magistralement que je n'avais jamais eu de mission, que je n'avais pris ce masque que pour couvrir je ne sais quelles intrigues aussi indignes de moi que des personnes honorables qu'on y mêle audacieusement. D'autres, non moins inventifs, soutiennent sérieusement que je suis allé à Froshdorf... Devinez pourquoi ?... Pour y faire amende honorable et pour abjurer èntre les mains de madame la duchesse d'Angoulême les opinions de toute ma vie.

Ceci me rappelle un autre épisode de mes voyages. Me trouvant à Florence il y a bien des années, car c'était sous la Restauration, il m'est arrivé aussi, non pas une fois, mais dix, de dîner chez le père du Président de la République, l'ex-roi de Hollande, Louis Bonaparte, proscrit alors comme l'est aujourd'hui le petit-fils de Charles X. Pourtant je ne fus point accusé pour ce fait d'ourdir des trames bonapartistes.

Que signifie cette rigueur nouvelle et

quelles mœurs sauvages entend-on inoculer à cette France autrefois si chevaleresque, si généreuse? Un tel excès de rigorisme sent l'hypocrisie. De tout temps les proscrits ont été sacrés ; ils le seront toujours, quoi qu'on fasse et quels qu'ils soient. D'ailleurs les courtisans de l'exil sont trop rares et l'on gagne trop peu à cette cour désintéressée pour qu'on doive jamais craindre à cet égard la contagion de l'exemple.

Mais ce n'est pas tout. La calomnie est ingénieuse dans ses inventions : une fois lancée elle ne s'arrête pas en si beau chemin. Je fais si peu mystère de ma visite à Frohsdorf que je la raconte à qui veut l'entendre, et cela aux gens de tous les partis, sans amour, sans haine, avec la religieuse impartialité de l'historien et de l'honnête homme. *Nec injuriâ nec beneficiis.* Ceux qui attendaient de moi des médisances, des calomnies, peut-être, sont fort scandalisés de ma sincérité, et, afin d'en atténuer l'effet, ils ont imaginé d'opposer à mes récits des récits contraires. Jusque là ils sont dans leur droit : l'un dit blanc, l'autre noir, et, les parties entendues, le public prononce en dernier ressort et sans appel.

Mais voici où commence la perfidie.

Quelques journaux ont publié un tableau injurieux et mensonger de ce qu'ils appellent la cour de Frohsdorf; or, pour donner au susdit tableau plus d'autorité, certaines âmes charitables insinuent, affirment même au besoin, que j'en suis l'auteur ; excellent moyen de me mettre en contradiction avec moi-même et de déconsidérer ainsi mon témoignage ; c'est-à-dire qu'à entendre ces honnêtes chrétiens, je n'aurais été à Frohsdorf, je ne m'y serais assis à la table de la famille exilée, que pour la diffamer ensuite, et livrer des proscrits aux sottes risées des partis. Je n'ai pas besoin de dire que c'est un mensonge abominable. Je me manquerais à moi-même si j'insistais sur ce point. Je ne veux pas supposer qu'on m'estime capable d'une grossièreté si plate et d'un si odieux abus de l'hospitalité.

Il y a dans tout ce laborieux, dans cet

artificieux échafaudage bien des contradictions, bien des inconséquences : il est évident que si j'ai été faire amende honorable à Frohsdorf, ce n'est pas pour venir décrier Frohsdorf à Paris. Mais qu'importe à la calomnie ! Elle n'y regarde point de si près. Pourvu qu'elle noircisse le prochain, cela lui suffit, et pour cela tous les moyens lui sont bons. Afin de mieux infiltrer son âcre venin dans les cœurs, elle s'y glisse par toutes les portes, et pour séduire plus sûrement tout le monde, elle parle à chacun son langage.

Au reste, de pareilles inconséquences ne sont pas nouvelles pour moi : ma présence en Autriche était pour les partis un texte inépuisable de conjectures plaisantes à force d'être contradictoires. Suivant les uns, j'excitais le Ban de Croatie contre les Hongrois, tandis que les autres m'avaient vu répandre l'or à pleines mains, sur le peuple de Vienne, du haut des barricades ; or, pendant qu'on me voyait à Vienne, j'étais à Cracovie ; et quant au Ban Jellaschisch, je l'ai vu pour la première fois cinq mois après l'époque où j'étais censé le voir tous les jours. Voilà comme on écrit l'histoire, même au siècle et sous l'empire de la publicité universelle.

Il y a une mesure à tout, et la patience a des limites ; il est même des cas où elle peut cesser d'être une vertu. Je suis las de m'entendre attribuer des paroles que je n'ai jamais prononcées, des actions que je n'ai jamais commises. Pour qu'on ne me fasse plus parler, je ne connais qu'un moyen : c'est de parler moi-même. Ce qui veut dire, en d'autres termes, que puisque tant de gens ont raconté, de tant de façons différentes, mon voyage à Frohsdorf, je me vois dans la nécessité de le raconter moi-même, ne fût-ce que pour rectifier les faits dénaturés et couper court aux commentaires diffamatoires.

Je m'y décide à regret, à mon corps défendant, car je me trouve littéralement dans le cas de légitime défense. Malgré ce motif impérieux, j'ai hésité longtemps, je le répète. Il me semblait que c'est manquer à l'hospitalité que de révéler au public ce qu'on a vu et entendu (même le bien) dans une maison étrangère, cette maison fût-elle le palais d'un roi, et quoique ses habitants soient sur la scène du monde. Ce procédé a quelque chose qui me blesse. Mais enfin j'ai dû faire violence à mes premiers scrupules et triompher de mes répugnances. Je cède, contraint et forcé.

Ces explications, je l'espère, suffiront pour m'absoudre aux yeux des personnes disposées à m'accuser d'indiscrétion. Blâme pour blâme, j'aime encore mieux passer pour indiscret que pour apostat ou déloyal.

Voilà comment j'ai été amené à publier, bien malgré moi, la relation d'une visite qui, certes, ne comportait pas tout le bruit qu'on en a fait. Qu'on n'attende de moi ni adulation ni dénigrement; je serai vrai; rien de plus, rien de moins. Je rougirais d'immoler la vérité à l'esprit de parti. Les partis qui, pour vivre, ont besoin du mensonge, ne méritent pas de vivre et ne vivent pas longtemps. Hommes ou partis, la vérité est l'aliment des forts.

Cet épisode de mes voyages à travers l'Allemagne, n'était pas destiné à voir le jour de longtemps, et moins encore à paraître isolé. Il a fallu les circonstances que je viens d'exposer pour me décider à le détacher de l'ensemble dont il fait partie, et à le publier en ce moment-ci. C'est une page de mémoires; je prie le lecteur de la considérer comme telle. Cette justification était devenue nécessaire, et elle est bien simple assurément, puisque elle ressort du fait incriminé lui-même.

Paris, 28 février 1849.

UNE VISITE

A

MONSIEUR LE DUC DE BORDEAUX.

Je quittai Vienne, le 12 décembre dernier, à six heures du matin, par le chemin de fer du Midi. Il faisait nuit close; la station intérieure n'était éclairée que par les fallots des gens de police commis à la visite des passeports, rebutante formalité, qu'en Autriche il faut subir, au départ comme à l'arrivée, et dont la rigueur était alors redoublée par l'état de siége. On perdit ainsi beaucoup de temps. Enfin le monstre haletant, nommé locomotive, souffla bruyamment par ses larges et brûlants naseaux ; on partit.

L'aube pointe, et permet d'apercevoir dans la brume, une aiguille gothique appelée Fileuse-de-la-Croix, et à laquelle se rattache on ne sait quelle tradition du Moyen Age. A gauche, s'étend une vaste plaine, au bout de laquelle est la frontière hongroise. Une chaîne de collines vertes s'élève à droite; quelques châteaux ruinés, celui de Lichtstenstein entre autres, les couronnent de loin en loin, et quand elles s'ouvrent pour laisser passer une route, un torrent, l'œil saisit au passage de rapides échappées sur la Brühle, espèce de Suisse en miniature (tous les pays ont leur Suisse), dont on vante fort les retraites solitaires et les accidents agrestes.

A sept heures et demie, on était devant Bade, village célèbre par ses eaux sulfureuses, et tout aussi pittoresque, sinon plus, que son homonyme des bords du Rhin. Dans mon précédent voyage, j'y avais passé, avec des amis de France, une journée du mois d'août; ce lieu était alors fort à la mode : les familles effrayées des troubles de Vienne, y étaient venues en foule, chercher la paix, le silence, la sécurité. Isolées les unes des autres, et coquettement cachées dans la verdure, toutes les maisons, vrais bijoux, étaient émaillées de fleurs et de femmes. Ici des bois, là des prairies, plus loin des rochers, partout des eaux courantes. Tout y est si ingénieusement calculé pour la promenade et pour le plaisir des yeux, que chaque site s'y trouve, pour ainsi dire, multiplié par lui-même. Je doute que la Brühle, si vantée, ait rien d'aussi charmant. L'archiduc Charles a construit, au milieu de cet Elysée champêtre, le beau château de Weilbourg, admirablement situé, non moins admirablement tenu, et dont les points de vue accusent, dans ceux qui ont choisi le site et qui y ont su s'y plaire, un goût vif et intelligent de la nature.

Heureux grands de la terre ! Un lieu leur plaît, ils s'en emparent, et, d'un coup de baguette, le désir, comme dans les contes de fées, se transforme pour eux en possession. Plus heureux les voyageurs! Ils passent, et en passant ils s'emparent, eux aussi, de tout ce qu'ils voient; ils s'assimilent tout par l'esprit; ils jouissent de la nature, non en propriétaires, mais en rois... Pardon! j'oublie que nous sommes en république. Il est vrai que nous voyageons en Autriche, où la République n'est pas encore proclamée.

Cette fois, je revoyais Baade sans ombrages, sans fleurs, sans femmes. Mais les gracieux souvenirs de l'été transfiguraient à mes yeux les tristesses de l'hiver. Je dis hiver, parce qu'on touchait à la mi-décembre, et que les arbres étaient sans feuilles. A ne juger du temps que par la douceur de l'air et l'éclat du ciel, on pouvait accuser d'erreur le calendrier, et se croire en plein printemps. Le soleil se leva sur les plaines de Hongrie, aussi splendide et presque aussi chaud qu'au mois de mai. Ses rayons, d'un rouge ardent, étincelaient à travers les rameaux dépouillés des peupliers et des saules. Le bleu du ciel était seulement un peu pâle, mais pas un nuage, pas une vapeur n'en ternissaient l'azur.

A neuf heures, au lieu de huit, grâce aux investigations de la police, et aussi grâce à la lenteur sacramentelle des *rails-roads* autrichiens, je mis pied à terre à Wiener-Neustadt, vieille petite ville située sur l'extrême frontière hongroise, et qui n'a pour soi que deux gros clochers massifs, et de plus une des écoles militaires de la monarchie autrichienne. Neustadt est le Saint-Cyr de Vienne. Je descendis à l'hôtel du Cerf-d'Or. Ma toilette fut bientôt faite, et, à dix heures sonnant, une vieille calèche jaune, attelée de deux haridelles, une manière de fiacre dont l'espèce est à jamais perdue, était à ma porte, prête à me conduire à Frohsdorf.

A peine sorti de Neustadt, on coupe à angle droit l'embranchement du chemin de fer qui relie la ville hongroise d'OEdenbourg à la grande artère du Midi. Cette ligne était déserte et tout-à-fait abandonnée, car alors déjà la guerre interceptait toutes les communications entre la Hongrie et les pays circonvoisins. Les stations étaient closes, les guérites vides, les signaux immobiles; l'herbe commençait à poindre entre les rails. Le pays est plat et loin d'être beau ; il manque à la fois d'arbres et d'habitations. Seulement, après deux ou trois kilomètres, on traverse un bois de pins, dont la verdure éternelle conserve en toute saison l'image des beaux jours, sinon les beaux jours eux-mêmes. Les arbres verts jouent, dans la nature, le rôle de retardataires ou de précurseurs, et constituent en tous cas, pendant l'hiver, le chapitre des consolations.

Enfin je rencontre un village, c'était le premier, et sur un écriteau cloué au coin de la première, ou de l'une des premières maisons, je lis le nom de Frohsdorf, écrit en lettres blanches sur un fond noir.

J'étais arrivé. Mon Automédon me conduisit droit au château : il fallut, pour l'atteindre, traverser tout le village, coupé en deux par la Leytha. Il m'arrêta à la porte. Onze heures sonnaient.

Frohsdorf est une ancienne terre seigneuriale qui, des mains de je ne sais quelle famille autrichienne, passa, sous la Restauration, dans celles de madame Caroline Murat, l'ex-reine de Naples; c'est elle qui la vendit à madame la duchesse d'Angoulême, sous le nom du duc de Blacas. Le domaine, administré par un bailli, n'est pas fort vaste, surtout pour un domaine princier; mais, en revanche, l'habitation est très-spacieuse, quoiqu'elle suffise à peine au nombre de ses habitants.

Elle est environnée de tous les côtés par un fossé sans eau, lequel n'est, à proprement parler, qu'un saut-de-loup où donnent les cuisines, et qu'on passe sur un pont de pierre jeté en face de la principale entrée. Je ne sais même s'il en existe une autre. Je ne le crois pas. Le château n'a rien de féodal, encore moins de royal. C'est une grande maison blanche à l'allemande, dont le toit pointu est couronné de cheminées et de mansardes. Seulement il est coupé au milieu par un fronton triangulaire. Le rez-de-chaussée est au niveau du pont et surmonté de deux étages. J'ai compté neuf fenêtres de front. Celles du second étage sont carrées et fort petites. Les autres ont des dimensions raisonnables. Une seule, celle du milieu, précisément au-dessus de la porte, qui est large et cintrée, est ornée d'un balcon et flanquée de pilastres adhérents. Ces pilastres et le fronton supérieur sont les seules parties de la façade qui affectent une certaine intention d'architecture. Le revers occidental a conservé une grosse tour ronde qui plonge jusqu'au fond du fossé, mais qui, malheureusement, est tronquée et coupée ras à la hauteur du toit. C'est dans cette tour qu'est la chapelle. Les communs sont fort rapprochés et touchent presque au château.

Derrière est le parc, terminé par un jardin anglais. Ni l'un ni l'autre ne sont grands. Un peu plus loin est une colline accidentée et plantée d'arbres verts où est bâtie ce qu'on appelle la Maison du Garde, maison fort jolie par parenthèse, et dont s'accommoderait parfaitement une famille parisienne. Plus loin encore, et comme pour faire point de vue dans le paysage, s'élève une ruine qui dépend de la terre et en marque, je crois, la limite.

Le site est sévère et empreint d'un caractère mélancolique. Au couchant, se déroule, comme une vaste nappe de verdure, une plaine unie, à l'extrémité de laquelle se dresse, dans toute sa magnificence, la chaîne des montagnes qui séparent la Styrie de l'archiduché d'Autriche, et qui relient les Alpes aux Karpathes. Leurs découpures festonnent l'horizon, et la neige, dont la plus haute était couverte entièrement, faisait reluire au soleil le feu glacé de ses mille diamants. Au levant, l'aspect est tout autre : de ce côté, et à une portée de fusil du château tout au plus, court une longue colline assez maussade, quoique boisée, au sommet de laquelle se trouve la limite hongroise, défendue alors par des paysans armés. De là on doit découvrir la ville d'Œdenbourg et le lac de Neustadt, près duquel elle est assise.

J'ajoute, à titre de renseignement, que le château où les Esthérazy gardent le trésor de leurs joyaux de famille, n'est pas éloigné de cette frontière. D'incalculables richesses étaient jadis accumulées dans cet immense écrin gardé par des canons et des grenadiers à la solde de cette maison quasi royale. Il n'était permis aux héritiers d'aliéner cet opulent patrimoine que pour payer la rançon d'un membre de la famille tombé au pouvoir des infidèles. Cette disposition testamentaire rappelle les longues luttes soutenues contre la puissance ottomane par la vieille Hongrie, sentinelle avancée de la chrétienté. Toujours sur la brèche, elle a sauvé l'Europe en plus d'une rencontre, et malgré sa bravoure elle n'y eût pas toujours suffi, témoin Sobieski.

Frohsdorf est donc fort près, comme on le voit, de la frontière hongroise, si près même que le séjour n'en est pas sans danger pendant la guerre actuelle. En cas d'attaque, le peu de troupes cantonnées dans le village, le dernier de l'Autriche, de ce côté-là, seraient une défense insuffisante. Accoutumés aux vicissitudes de l'exil, et aguerris par l'adversité, confiants en Dieu ou dans leur étoile, les hôtes de Frohsdorf m'ont paru médiocrement alarmés d'un péril dont pourtant ils ne se dissimulaient pas la possibilité.

Enfin j'entrai dans le château.

L'entrée en est froide et triste comme celle d'un couvent, et il règne dans la cour, d'ailleurs étroite et profonde, un sentiment d'humidité. Ce fut là du moins mon impression. A droite, sous le vestibule, est la loge du suisse, et, suspendu près de la porte, un grand tableau imprimé indique les heures de départ et d'arrivée du chemin de fer, unique voie par où cette solitude communique avec le monde. Je demandai en français (cela va sans dire), M. le duc de Lévis, et c'est en français qu'on me répondit, car, de la cave au grenier, depuis l'allumeur de quinquets, dans la maison, tout est français. Une femme, celle du concierge sans doute, me conduisit elle-même, avec beaucoup de politesse, au premier étage, et je fus introduit dans une grande chambre à coucher qui sert en même temps de cabinet de travail, et qui a vue sur la campagne. Il y avait sur la table divers journaux français, la *Gazette*, les *Débats*, et quelques journaux allemands. M. de Lévis me rejoignit bientôt, et je lui remis la lettre que M. de Freissinet m'avait donnée à Paris pour lui.

La conversation roula naturellement sur les affaires de France, sur la grande élection qui devait avoir eu lieu l'avant-veille, et dont je ne connus le résultat qu'à Vérone, huit jours plus tard. M. de Lévis est un homme froid, circonspect, très-poli. Il n'y a rien en lui de militaire, quoiqu'il ait été colonel, et qu'il ait fait, si je ne me trompe, les campagnes de Morée et d'Espagne. Quoique éloigné de France, il est au courant de tout ce qui s'y passe, et j'ai été surpris de le trouver si bien au fait des choses et des hommes. Quand nous eûmes quelque temps causé, il me quitta pour aller demander à monsieur le duc de Bordeaux à quelle heure il me recevrait. L'instant d'après, il revint me dire que ce serait immédiatement.

J'ignorais quel titre on donne au prince dans la maison, et, l'étant venu chercher sous son toit, je voulais, je devais naturellement faire comme tout le monde, ni trop ni trop peu. J'interrogeai là-dessus M. de Lévis :

— « Il n'y a point ici d'étiquette, me « répondit-il; nous sommes des exilés. « Nous disons au prince : Monseigneur. »

Je me tins pour averti, et, quoique peu versé dans la langue des cours, j'espère m'être, dans mon langage, conformé aux convenances de la situation.

Je dois confesser tout de suite que j'ai été moins heureux avec madame la duchesse de Bordeaux et madame la duchesse d'Angoulême : il m'est arrivé de les traiter une fois d'Altesse. Or, ce titre, qui, de ma part, était une déférence, a dû leur paraître, à toutes les deux (j'y songeai trop tard), un manque d'égards et une négation directe de leurs droits : l'une, parce qu'elle est reine, dans sa pensée, depuis son mariage avec le petit-fils de Henri IV, qui est pour elle nécessairement Henri V; l'autre, parce qu'elle a été reine aussi en vertu de l'abdication de Charles X; et le fait est que, même en sa présence, les habitants de Frohsdorf l'appellent, entre eux, la Reine.

Puisque nous voilà sur le chapitre un peu vain des titres, qu'on me permette de l'épuiser, pour n'y plus revenir. Monsieur le duc et madame la duchesse de Bordeaux portent à l'étranger le nom de comte et comtesse de Chambord; madame la duchesse d'Angoulême celui de comtesse de Marne. Ayant commencé à les désigner sous leurs noms consacrés et généralement connus, au lieu d'adopter leurs baptêmes de convention, je continuerai comme j'ai commencé. Les noms ne font rien à l'affaire, et mon récit n'en sera que plus clair, plus compréhensible à tout le monde, sans pour cela rien perdre de sa fidélité.

Monsieur le duc de Bordeaux habite le rez-de-chaussée. Il me reçut dans un cabinet fort simple, qui a vue sur les collines hongroises. J'y remarquai une collection de cannes, de fusils, et un fauteuil entièrement fait de peaux de cerf, de manière que les bois forment les bras et le dossier. Ce meuble original est sans doute un souvenir, ou un présent de chasse. Le prince était debout devant une table de travail, placée au milieu de la pièce, les mains appuyées sur son fauteuil. Il ne s'assit ni ne me fit asseoir tout de suite, et son accueil n'était pas exempt d'une sorte de solennité. Tranchons le mot : il me reçut en roi.

Habitué aux visites de ses partisans, et de ses partisans seuls, j'étais pour lui une nouveauté. Il ne connaissait de moi que mes opinions et quelques écrits (1), dont le fonds ne pouvait lui plaire évidemment. Peut-être s'attendait-il à trouver en ma personne un de ces furieux démocrates qui mettent, comme on dit trivialement, les pieds dans les plats, et supposait-il que je venais lui rompre en visière brutalement. De là sa réserve dans les premiers moments. Il est certain qu'il était sur la défensive, et qu'il voulait me voir venir. Sa physionomie interrogatrice et un peu tendue exprimait, j'y lis du moins, tout ce que je viens de dire.

Après les phrases banales, préambule obligé de toute première visite, surtout

(1) *Rome souterraine, Caroline en Sicile.*

d'une visite comme celle-là, on s'assit. La conversation s'engagea.

J'allai droit au but, et voici textuellement, autant que ma mémoire me la rappelle, la première phrase sérieuse que je lui adressai : — « Monseigneur, lui dis-je,
« j'ignore, et Dieu seul peut savoir quelles
« destinées vous sont réservées dans l'a-
« venir ; mais si vous avez une chance de
« régner quelque jour en France, ce que,
« pour mon compte, je ne désire pas, cette
« chance la voici : Que, par impossible, la
« France, épuisée par ses expériences, à
« bout de ses ressources, ne trouve pas
« dans le pouvoir électif la stabilité qu'elle
« poursuit ; que le découragement, les mé-
« comptes, retournent jamais ses pensées
« vers le principe héréditaire, comme base

« plus fixe de l'autorité, vous représentez
« ce principe, et, dans ce cas, c'est la
« France elle-même qui viendrait vous
« chercher. Jusque-là, je ne vois pour
« vous qu'une chose à faire ; attendre les
« événements. »

Monsieur le duc de Bordeaux m'avait écouté avec attention ; à mesure que je parlais, sa physionomie se détendait visiblement ; la glace du début était brisée. Il me répondit sans hésitation que je venais de traduire sa pensée ; qu'il n'entreprendrait jamais rien contre les pouvoirs établis, ne voulait prendre aucune initiative et n'avait aucune ambition personnelle ; qu'il se considérait en effet comme le principe de l'ordre et de la stabilité ; qu'il entendait maintenir ce principe intact, ne fût-ce que pour le repos futur de la France; que ce principe était toute sa force, qu'il n'en avait pas d'autre; qu'il en aurait toujours assez pour remplir son devoir quel qu'il fût, et que Dieu d'ailleurs lui viendrait en aide. « Si je rentre jamais « en France, ajouta-t-il, ce ne sera que « pour y faire de la conciliation, et je crois « que moi seul en peux faire. »

C'est Dieu qui sonde les cœurs et les reins; c'est donc à lui qu'appartient le secret des consciences. Cependant je crois pouvoir prendre sur moi d'affirmer que les paroles du prince étaient sincères. Le ton pénétré dont il les prononça, l'ouverture de sa physionomie pendant qu'il parlait, ne laissaient aucun doute à cet égard et emportaient la conviction. Tout en lui décèle une grande droiture de cœur et d'esprit, un vif sentiment du devoir et de la justice, uni à l'amour du bien. Il me parut, comme M. de Lévis, au courant de nos affaires, quoique extrêmement réservé sur les hommes; soit discrétion, soit prudence, il ne formula de jugement sur aucun, et demeura, quant aux choses courantes, sur le terrain des généralités, tellement qu'à cet égard aucune de ses paroles, aucune même de ses opinions ne m'est restée dans la mémoire; la profession de foi par laquelle il avait ouvert l'entretien, s'y est gravée au contraire mot à mot. Il est vrai qu'elle était le nœud et comme le pivot du discours. C'était pour moi le principal, le reste n'était qu'accessoire.

Il y aurait de ma part une sotte présomption à m'imaginer que j'aie en une heure conquis sa confiance et pénétré son secret. Je suis loin d'avoir une prétention si ridicule. Qu'étais-je pour lui? Un inconnu, un curieux. Il ne me dit évidemment que ce qu'il voulait me dire, n'alla que jusqu'où il voulait aller, et me fit parler plus qu'il ne parla lui-même. J'aurais désiré que ce fût le contraire : mais je n'étais pas le maître de la conversation. Si par moment je me taisais pour lui laisser prendre l'initiative, il la prenait rarement et se taisait à son tour. Il y avait alors des silences qu'il fallait bien rompre sous peine de voir tomber l'entretien.

Monsieur le duc de Bordeaux a l'esprit ouvert aux questions du jour, les étudie toutes et n'est point étranger aux théories industrielles. Pendant son séjour en Angleterre, il est peu de manufactures importantes qu'il n'ait visitées, et visitées avec soin. Sa réserve, qui est excessive et constitue l'un des traits saillants de son caractère, lui fait évidemment tort, en ce sens qu'il a plus d'intelligence qu'il n'en laisse paraître. C'est le contraire chez la plupart des hommes.

Deux questions le préoccupaient entre toutes les autres : l'organisation administrative de la France par la commune et le problème social des travailleurs. Mais sur ce dernier point il m'a paru imbu de quelques erreurs et nourri d'illusions. Ainsi, par exemple, il attribue aux ouvriers de Paris des sentiments religieux qu'ils sont loin d'avoir, du moins dans le sens qu'il attache aux mots, et ne se rend peut-être pas suffisamment compte de leur répugnance pour le drapeau blanc. C'est chez eux plus ou moins qu'une idée, c'est un instinct ; dans tous les cas, c'est un fait.

Je ne lui cachai point là-dessus la réalité, sans m'étonner de sa méprise. Ce n'est pas qu'il manque de sagacité, il en a certainement ; mais on a beau lire les journaux des différents partis, et il les lit tous ou presque tous ; on a beau se retremper chaque jour à la source des correspondances les mieux informées, et l'une entre autres me parut si judicieuse que je l'aurais signée sans difficulté : on ne vit pas impunément hors de l'atmosphère des événements. Un voyage en France en apprend plus que tous les journaux et tous les correspondants. C'est comme en mécanique : vous lisez la description d'une machine, vous croyez la comprendre, mais vous n'en avez qu'une idée vague, incomplète, tant que vous ne l'avez pas vue fonctionner.

C'est là un malheur de position plus qu'un défaut de l'esprit. Tout ce qu'on est en droit d'exiger d'un homme, c'est le désir sincère d'apprendre et la bonne volonté; or, on ne saurait sans injustice refuser au prince ces deux vertus. Ajoutez à cela du bon sens, de la candeur, une grande bonté et une générosité naturelle, incontestable, je dis plus, incontestée. C'est un honnête homme dans toute la force du mot.

Voici maintenant le revers de la médaille. Quelle médaille n'a son revers? Ou je me trompe fort, ou monsieur le duc de Bordeaux manque d'initiative et pourrait manquer de résolution. C'est un esprit cultivé plus qu'inventif : il doit concevoir plutôt qu'il ne crée, et recevoir plus qu'il ne donne. Par éducation, par nature, la force d'inertie l'emporte en lui sur la puissance d'exécution. En un mot, et c'est peut-être un bonheur pour son repos, il me paraît plus propre à l'expectative qu'à l'action. Je n'ai par devers moi, j'en conviens, aucun fait particulier à l'appui de cette opinion, qui n'est peut-être qu'une impression, mais je la crois fondée.

On noue et dénoue en son nom beaucoup d'intrigues; je m'offrirais à parier qu'il ne trempe dans aucune, qu'il les ignore et qu'il les désavouerait toutes. Autant sa mère (1) aimait les aventures, autant elles lui répugnent. Il ne voudrait pas qu'une seule goutte de sang coulât par lui ou pour lui. Ce n'est pas, certes, qu'on doive l'en blâmer ; on ne peut au contraire que l'en louer ; j'ai voulu dire seulement que le mérite de sa part n'est peut-être pas très-grand : c'est chez lui une affaire de tempérament.

Il eût fait, j'en suis convaincu, un excellent monarque constitutionnel. La nature de son esprit, son caractère même

---

(1) Madame la duchesse de Berry habite Brunsée, une terre à elle, située non loin de Gratz, près de la station de Spielfeld. Elle réside là avec son mari, le comte de Lucchesi-Palli, et les quatre enfants qu'elle a de lui. Il y a eu du froid entre les deux familles, mais il est dissipé. Madame la duchesse de

étaient appropriés à cette forme de gouvernement, et son éducation a été dirigée dans ce sens. L'esprit de parti le représente comme un absolutiste, et c'est comme tel qu'il apparaît à la foule du fond de son exil ; la vérité est qu'il n'y a peut-être pas dans toute l'Europe un constitutionnel plus sincère que lui. Bien plus, sauf quelques idées modernes qui ont déteint sur lui dans ces derniers temps et qu'il travaille à s'assimiler, c'est presque un libéral de la Restauration. Je me hâte d'ajouter que c'est un libéral religieux, sans pourtant que sa dévotion dégénère, comme on me l'avait dit, en bigotisme. Il n'est pas

---

Berry n'est pas riche, et monsieur le duc de Bordeaux s'est conduit vis-à-vis de sa famille du côté gauche avec un noble désintéressement.

douteux que son aïeul Charles X et que Louis XVIII lui-même ne fussent énormément scandalisés de ses doctrines, et qu'il ne fût à leurs yeux un hérétique politique, un Lafayette royal.

Comment en serait-il autrement! Les idées des enfants ne sont pas celles des parents. Quoi qu'on fasse, l'atmosphère des esprits change et le milieu intellectuel se modifie, non pas seulement de siècle en siècle, mais à chaque génération. Le fils en naissant respire un air différent de celui que son père a respiré; le progrès s'infiltre dans ses veines sans même qu'on en ait conscience et en dépit de toutes les résistances. Il n'y a aucun mérite à cela pour personne, c'est la force des choses, une loi de la Providence qui veut que l'humanité marche malgré les hommes.

Voilà pourquoi monsieur le duc de Bordeaux n'a pas les principes de Charles X. Je vais plus loin : il voudrait les avoir qu'il ne le pourrait pas. L'aïeul, pour ne citer qu'un exemple, tenait aux formes, à l'étiquette, ce culte de la personne royale, qui a joué toujours dans la maison de Bourbon un rôle considérable ; le petit-fils, lui, n'y tient guère, fait bon marché de ces pompeuses inanités, et va si loin à cet égard, que si jamais il remontait sur un trône, il n'aurait pas même de cour; son parti est pris là-dessus.

Sa vie est loin d'être oisive : il lit avant et après déjeuner beaucoup de lettres, beaucoup de journaux, des rapports souvent volumineux sur les diverses questions qui sont à l'ordre du jour en France ; puis il donne à la promenade quelques heures de l'après-midi. Il observe scrupuleusement ses devoirs religieux, entend la messe deux ou trois fois par semaine dans la chapelle du château et tous les dimanches à la paroisse. Il écrit avec beaucoup de grâce, et ses lettres sont remarquables par la justesse et l'élégance.

Quant à sa personne, il est de taille moyenne et incline à l'embonpoint, mais il est loin de l'obésité dont on le croit généralement et dont moi-même je le croyais affligé. La chute qu'il a faite à Kirchberg, il y a quelques années, a laissé des traces ; il se cassa, en tombant de cheval, le col du fémur ; un tel accident ne pardonne guères. Il lui est resté de la lourdeur dans

la jambe et de l'embarras dans la marche.
Une fois assis, il a quelque peine à se relever. On le dit fort bien à cheval ; je n'ai pu en juger, ne l'ayant vu qu'à pied. Il a les cheveux blonds et fins. Quoiqu'un peu pleine et marquée du cachet bourbonnien, sa figure est très-agréable, franche, ouverte, sympathique, avec un air de santé, de jeunesse, l'air en un mot de ses vingt-huit ans. Il porte un collier de barbe et une petite moustache. Son œil, d'un bleu limpide, et à la fois vif et doux, écoute bien, interroge beaucoup ; il regarde si droit et si fixe que je considère comme une chose impossible de lui mentir en face. Quant à lui, il suffit de le voir pour demeurer convaincu de sa véracité. Il portait, si je me le rappelle bien, un habit bleu à boutons dorés.

La visite terminée, il se leva le premier à la manière des princes, et me congédia en me chargeant de ses compliments pour M. de Freissinet, mon introducteur à Frohsdorf.

Je rejoignis M. de Lévis. « — Maintenant, « me dit-il, voulez-vous que je vous pré- « sente à la maîtresse de la maison, ma- « dame la comtesse de Marne? » — Ce nom est, comme je l'ai dit plus haut, celui que madame la duchesse d'Angoulême porte à l'étranger.

J'acceptai la proposition, non, je l'avoue, sans une certaine hésitation intérieure. Pourquoi cela ? Pourquoi, n'en ayant pas eu en me présentant chez le neveu, en avais-je pour être présenté à la tante? Voici pourquoi. Madame la duchesse d'Angoulême est la fille de Louis XVI, de Marie-Antoinette, la victime la plus innocente, sans contredit, de la première République; or, quels tristes, quels déchirants souvenirs n'allait pas lui rappeler la seule vue d'un républicain, le premier qui lui arrivât de la nouvelle France républicaine! Voilà, puisqu'on veut le savoir, et je suis loin d'en rougir, le motif de mon hésitation.

Je n'en suivis pas moins M. de Lévis; mais avec un fonds d'inquiétude. Un accueil froid m'eût paru si excusable, qu'il ne m'aurait, je le déclare, nullement offensé. Il fut, au contraire, d'une politesse parfaite; toutes mes appréhensions, tous mes scrupules s'évanouirent.

Madame la duchesse d'Angoulême habite le premier étage; elle me reçut debout dans son salon, une assez vaste pièce, très-simple, meublée sans le moindre luxe, sans rien même qui le rappelle, et dont la vue s'étend au couchant, sur la longue chaîne des Alpes Styriennes. Elle doit avoir soixante-dix ans, et n'a plus, par conséquent, aucune prétention personnelle; elle passe même pour n'en avoir jamais eu. Sa toilette sévère est conforme à son âge. Elle tient de son organisation une voix rude, un ton brusque, qui sont chez elle tout à fait involontaires, mais qui, souvent, dit-on, au temps de ses grandeurs, avec l'intention d'être aimable, l'ont empêchée de le paraître.

Elle m'interrogea sur la France avec un

vif intérêt ; mais avec beaucoup de tact et de mesure ; me demanda si le peuple de Paris avait des sentiments religieux ; parla avec une admiration sentie de la mort si chrétienne de monseigneur l'archevêque de Paris, sur les barricades de juin. Excepté celui-là, pas un nom propre n'avait été prononcé. C'est moi qui mis la conversation sur la branche cadette en lui disant : — « Madame, il est impossible que « vous n'ayez pas vu dans la chute de « Louis-Philippe le doigt de Dieu ! — Il « est dans tout, » me répondit-elle avec simplicité et sans qu'il me fût possible de démêler en elle le moindre levain d'amertume. Muette sur le père, elle eut même quelques bonnes paroles pour les fils et pour madame la duchesse d'Orléans. J'étais beaucoup moins réservé qu'elle sur la

dynastie déchue et sur son gouvernement.
— « Pourtant, madame, » dis-je encore,
« convenez que, malgré votre magnani-
« mité chrétienne, le jour où cette nou-
« velle vous est parvenue n'a pas été le
« plus mauvais jour de votre vie ? » Elle
se tut, mais d'un air qui semblait dire :
« Vous m'en demandez trop ! » La modé-
ration de ses paroles fut inaltérable : pas
un mot de reproche ne lui échappa.

Ce n'est pas qu'elle n'apprécie parfaitement la différence des deux catastrophes,
de Juillet et de Février. Comme je lui ra-
contais l'évasion de Louis-Philippe : — « Au
« moins, dit-elle, Charles X s'est retiré en
« roi, en laissant à la France Alger. » — Ce
rapprochement ne fut pas fait sans un
sentiment d'orgueil, assurément bien légi-

time ; mais le triomphe de la vengeance satisfaite ne ressortit d'aucune de ses paroles. Il n'y a point de fiel, on peut le dire hardiment, dans cette âme qui a offert en holocauste à Dieu toutes ses douleurs et toutes ses passions.

La religion est désormais l'occupation principale, l'unique consolation d'une vie éprouvée par des adversités sans exemple. Et, je le demande, une telle vie serait-elle possible sans la religion pour dernier refuge? L'exilée de Froshdorf n'est-elle pas la prisonnière, l'orpheline du Temple? Que d'angoisses, que de désastres entre ces deux proscriptions ! Les haines de partis s'éteignent en présence d'un si grand revers. On n'a devant soi qu'une femme qui a souffert ce que femme ici-bas ne souffrit, ne souffrira jamais. Eh! qu'importe qu'elle soit princesse? En a-t-elle été moins fille, sœur, et trois fois proscrite? En appartient-elle moins à la famille humaine?

C'est là certainement la figure historique la plus pathétique, la plus saisissante qui soit en Europe. Elle a produit sur moi une profonde impression, et je n'ai point caché l'émotion dont j'étais pénétré. Le respect et la pitié se partageaient mon cœur. Il me semblait voir devant moi une de ces victimes de la Fatalité immortalisées par l'art ancien. Seulement, la résignation chrétienne imprime à la fille de Louis XVI un caractère plus touchant, et l'élève, de toute la hauteur du Christ, au-dessus des types de l'antiquité.

Madame la duchesse d'Angoulême vit au milieu des souvenirs de son adolescence, et pourtant, quels souvenirs! Loin de les fuir, elle s'y complaît, comme si elle trouvait je ne sais quel funèbre plaisir à remplir chaque jour cet amer calice pour l'épuiser chaque jour jusqu'à la lie.

Elle n'a, dans sa chambre à coucher, dont l'austérité est presque monacale, que des objets propres à lui rappeler les scènes tragiques de sa première jeunesse : les portraits de son père, de sa mère, de l'amie de sa mère, la princesse de Lamballe ; et, près de son lit, qui n'a pas même de rideaux, un prie-dieu tout rempli de reliques sacrées pour elle : la veste noire que son père portait en allant à l'échafaud, la coiffe de dentelles que sa mère dut raccommoder de ses propres mains pour comparaître au tribunal révolutionnaire. Seule, elle a la clef de ces tristes dépouilles; et une fois dans l'année, le 21 janvier, elle les sort du reliquaire qui les renferme, et s'en entoure, afin de vivre plus étroitement avec les morts chéris qui les ont portées. Ce jour-là, elle ensevelit ses pleurs dans une retraite absolue; elle sanctifie le sanglant anniversaire par la solitude et la prière.

On pourrait croire qu'après avoir tant souffert en France, et par des Français, elle a dû prendre en aversion le pays et ses habitants; il n'en est rien. Phénomène étrange! plus elle a souffert en France et par la France, plus elle s'est attachée à elle. Elle ne permettrait pas qu'on l'attaquât en sa présence; elle-même n'en parle jamais qu'avec amour et regret. Son dernier désir (elle le répète souvent) est d'être enterrée en France. Jamais, certes, on ne vit un patriotisme plus vivace; une telle passion du sol natal rappelle ce Foscari, qui adorait Venise au milieu des tortures que Venise lui faisait endurer. Si j'osais risquer une comparaison, peu respectueuse, mais qui rend bien ma pensée et le fait que je veux exprimer, il y a de la race dans cette femme, et rien n'a pu altérer en elle la pureté primitive du sang français.

La révolution de Vienne l'a fortement affectée en la reportant aux scènes de quatre-vingt-treize, et elle tremblait toujours pour l'impératrice d'Autriche, à qui elle a voué un attachement tout particulier. *Non ignara mali...* Elle vit tout-à-fait en dehors de la politique, et là-dessus s'en rapporte aveuglément à monsieur le duc de Bordeaux ; il est son roi avant d'être son neveu ; fidèle aux traditions monarchiques, elle se lève quand il entre, et lui rend en toute circonstance, mais sans affectation, les honneurs dus au rang suprême.

Elle est sur pied de grand matin, marche beaucoup, et tout le temps que lui laissent les exercices pieux, elle le consacre à des œuvres de bienfaisance : ce qu'elle donne est immense ; un grand quart de son revenu, qui cependant n'est pas considérable pour une princesse (1),

(1) Elle n'a guère, m'a-t-on dit, que quatre cent mille francs de rentes, plutôt moins, et c'est elle qui

passe en aumônes. Aussi est-elle la providence du pays, et j'ai vu les enfants du village se précipiter sur son passage pour lui baiser la main.

Madame la duchesse d'Angoulême aùtient la maison. Le revenu de monsieur le duc de Bordeaux est d'environ cinq cent mille francs, y compris la dot de sa femme, qui n'est que d'un million. Plusieurs souverains étrangers lui ont offert de l'argent ; mais il a toujours refusé, ne voulant pas, dit-il, contracter des obligations qui pourraient le gêner plus tard. On dit que madame la duchesse de Bordeaux a de grandes espérances de fortune dans l'avenir ; son père et sa mère étant morts depuis longtemps, j'ignore (car l'Almanach de Gotha m'est peu familier) quelles peuvent être ces espérances, à moins que ce ne soit du côté de ses deux oncles paternels : l'archiduc Maximilien-Joseph, grand-maître de l'ordre teutonique, et l'archiduc Ferdinand-Charles-Joseph, tous les deux célibataires.

rait deviné mes scrupules intérieurs en entrant chez elle, elle se fût proposé pour tâche d'en effacer en moi jusqu'au souvenir, qu'elle ne m'aurait pas accueilli avec plus d'affabilité ni traité avec plus de bienveillance ; ce n'est pas ainsi qu'on me l'avait annoncée, et ce n'est pas ainsi que je m'attendais à la trouver. — « J'es« père, me dit-elle, en me congédiant, « que nous vous gardons ; les ordres sont « donnés pour cela. » — Je m'excusai sur la nécessité où je me trouvais de continuer mon voyage au plus tôt.— « Au moins, « reprit-elle, nous nous retrouverons à « dîner. » — Monsieur le duc de Bordeaux m'avait effectivement engagé, par l'intermédiaire de M. de Lévis, et j'avais accepté. Mais je ne pouvais passer la nuit au château.

On dîne à six heures. Je profitai du temps qui me restait pour faire connaissance avec plusieurs membres de la colonie. Je vis d'abord le jeune duc de Blacas, qui semble n'avoir accepté, que sous bénéfice d'inventaire, l'héritage politique de son père, mort depuis quelques années, en forte odeur d'absolutisme. Les opinions modérées du fils sont comme une protestation contre la célébrité d'un nom par trop compromis. M. de Blacas est auprès de madame la duchesse d'Angoulême avec sa femme, une personne blonde fort agréable, et fille du duc d'Escars.

Je vis ensuite M. de Montbel, celui-là même qui était ministre des finances à la révolution de juillet, et qui, depuis, n'a jamais quitté la famille exilée. Il travaille tous les jours deux heures avec madame la duchesse de Bordeaux, qui ne saurait avoir un meilleur guide. C'est un homme d'esprit, fort instruit, parlant de toutes choses et en parlant bien. Est-il besoin d'ajouter qu'il est d'une excessive politesse ? A commencer par le suisse, qui est-ce qui n'est pas poli dans cette maison si éminemment française, qui conserve intactes, à cinq cents lieues de la France, ces traditions de l'ancienne politesse nationale, qui vont s'y perdant tous les jours.

M. de Lévis est spécialement attaché à la personne de monsieur le duc de Bordeaux qui a placé en lui toute sa confiance, et sous les yeux duquel il met impitoyablement tout ce qu'on écrit de lui, le mal comme le bien. M. de Lévis a une fortune considérable ; il pourrait mener à Paris une grande existence, mais ce nouveau Blondel d'un nouveau Richard préfère les privations de l'exil par fidélité.

Je ne pense pas que ces messieurs aient tenu devant moi un langage différent de celui qu'ils parlent entre eux, et je dois dire que je les ai trouvés tous fort raisonnables. Ce ne sont certainement pas des démocrates, mais ce sont des hommes de sens qui ont marché avec le temps et qui se rendent compte des nouveaux besoins et des nouveaux intérêts de l'Europe en général, de la France en particulier. Il n'y a point là, j'en réponds, de conspirateurs.

On parla peu de monsieur le duc de Bordeaux, mais le peu qui s'en dit ne fit que confirmer les impressions personnelles que j'avais reçues. On cita de lui plusieurs anecdotes dont une m'intéressa particulièrement : elle prouve, du moins, qu'il n'a point, quoique prince, l'oreille fermée à la vérité. A ce titre je me plais à la rapporter.

Il s'était trouvé en relation je ne sais où ni quand, avec un souverain de l'Europe, j'ignore lequel, dont il avait cru s'être concilié l'affection. C'était une illusion ; il s'agissait de le détromper. Quelqu'un le fit, un peu rudement à ce qu'il paraît, et lui dit même à ce propos des choses assez dures. Loin de s'en offenser, le prince l'embrassa quand il eut fini, et le remercia avec effusion de lui avoir dit la vérité sans ménagement (1).

Après ces visites intérieures, je fis un tour de parc et poussai, avec le jeune marquis de Nicolaï, neveu du duc de Lévis, jusqu'à la Maison du Garde dont j'ai parlé plus haut. La nuit me rappela bientôt au château et je me retirai dans la chambre qu'on m'y avait préparée. J'y trouvai le *Voyage* du duc de Raguse, que M. de Montbel avait eu l'attention d'y

---

(1) Peu de temps après ma visite, lorsque le *Moniteur* apprit à Monsieur le duc de Bordeaux l'entrée de M. de Falloux au ministère de l'instruction publique, il eut un moment pénible, et ne put se défendre d'une vive émotion, comme s'il eût vu dans cet acte une défection : « Allons, dit-il, en se remettant bien vite, « c'est qu'il aura cru pouvoir faire du bien. »

faire porter, parce que j'avais exprimé le désir de le parcourir. J'avais à peine jeté les yeux sur cet ouvrage, qu'on vint me chercher pour me conduire au salon, où M. de Lévis devait me présenter avant dîner à madame la duchesse de Bordeaux, que je n'avais point encore vue. La présentation eut lieu devant tout le monde.

La princesse est fille du feu duc de Modène, sœur, par conséquent, du duc régnant. Elle parle français avec un accent mixte, moitié italien, moitié allemand, qui accuse sa double origine de princesse allemande, née en Italie. Elle a, je crois, deux ans de plus que son mari. C'est une personne élancée, un peu maigre, mais d'une taille élégante. Elle a de beaux cheveux noirs ondés, des yeux noirs pleins de vie, d'intelligence. Mais un accident de naissance lui dépare la bouche lorsqu'elle parle, et c'est grand dommage, car, à ce léger défaut près, c'est une fort jolie femme (1).

Elle portait une robe blanche habillée, les bras nus et une écharpe de velours sur les épaules. Je ferai à sa toilette le reproche assez rare d'être trop candide, et de ne pas sacrifier assez à la coquetterie. On devine au premier coup d'œil qu'une femme de chambre de Paris n'a point passé par là.

C'est une nature distinguée ; on la dit

---

(1) Le portrait de M. Pérignon est parfaitement ressemblant. On en peut dire autant de celui de monsieur le duc de Bordeaux, si ce n'est que l'original a une expression moins sérieuse que la copie.

bonne, instruite, d'un caractère facile, et l'on voit qu'elle tient à plaire. Quoique princesse de vieille souche, elle m'a paru timide, mais son embarras n'était pas sans grâce.

Fière et reconnaissante de son alliance avec le descendant de Louis XIV, elle a de son mari l'opinion la plus haute, et son amour pour lui tient, m'a-t-on dit, de l'adoration. Elle le croit irrésistible, et plus impatiente que lui, mais impatiente pour lui plus encore que pour elle-même, elle est fermement convaincue qu'il n'aurait qu'à se montrer pour subjuguer tout le monde comme il l'a subjuguée. C'est là toute sa politique, c'est-à-dire que sa politique est dans son cœur. Elle regrette Venise où elle a vécu avant de s'établir à

Frohsdorf; à Venise du moins son mari était en vue, on pouvait le juger, tandis que Frohsdorf est un tombeau.

A l'heure où j'écris, monsieur le duc et madame la duchesse de Bordeaux n'ont pas encore de postérité.

A peine avais-je échangé quelques paroles insignifiantes avec la princesse, que la porte de la salle à manger s'ouvrit, le dîner était servi. Monsieur le duc et madame la duchesse de Bordeaux passèrent les premiers, madame la duchesse d'Angoulême ensuite, les dames après elle, et enfin les hommes, sans leur donner le bras. La table se composait de seize à dix-huit couverts, et je retrouvai là, avec leurs familles, toutes les personnes que j'ai eu l'occasion de citer. Il y en avait plusieurs autres que je ne connaissais point, notamment M. de Monti, attaché au prince, et, je crois, aussi madame la duchesse de Blacas, douairière. Monsieur le duc de Bordeaux occupait le milieu de la table, ayant sa femme à gauche et sa tante à droite. J'étais près de celle-ci, et j'avais, de l'autre côté, pour voisin, M. de Lévis.

Je m'étonnai de ne voir aucun ecclésiastique. J'appris, plus tard, qu'il y en avait deux au château, l'abbé Trébuquet et un autre ; mais ils vivent à part avec le médecin, M. le docteur Bougon, et un M. Moricet, secrétaire et homme de confiance de monsieur le duc de Bordeaux.

La livrée est considérable. Il y avait une

vingtaine de valets occupés au service de la table. Il n'y en a pas moins de quatre-vingts, soit au château, soit dans les communs. Ce sont, pour la plupart, de vieux serviteurs, tous français, et l'on n'en renvoie jamais aucun. Le nombre des gens ne peut donc qu'augmenter à l'infini. Les familles attachées au prince et aux deux princesses ont leurs domestiques particuliers; mais ces derniers vivent dans le village. Tout le service, les assiettes comprises, est en vaisselle plate, aux armes de France, c'est-à-dire aux trois fleurs de lys. La chère est bonne, abondante, et l'on sert très-vite. Monsieur le duc de Bordeaux, que j'ai vu accuser d'un appétit vorace, ne mange ni plus ni moins que tout le monde.

La conversation était générale, ou, pour

mieux dire, il n'y avait pas de conversation ; on mange trop vite pour parler beaucoup, et je n'entendis là rien de saillant. Monsieur le duc de Bordeaux adressait la parole à tout le monde d'une voix pleine, sonore et sans aucun accent; il est naturellement gai, aime à rire et rit de bon cœur. Madame la duchesse de Bordeaux ne parlait qu'à sa voisine, la jeune duchesse de Blacas, et parlait à voix basse. Quant à madame la duchesse d'Angoulême, elle disait seulement quelques mots, tantôt à l'un, tantôt à l'autre, le plus souvent à moi, et continua de me traiter avec une politesse recherchée. Une chose pouvait-elle m'être agréable, elle ne manquait jamais de la dire, et si j'en disais, moi, une qui lui plût, elle la relevait avec une affectation pleine de bienveillance.

Il n'y avait que moi d'étranger, et j'étais un peu la bête curieuse ; je surpris, plus d'une fois, à ce titre, les yeux de madame la duchesse de Bordeaux, arrêtés sur moi avec curiosité : un républicain français, assis à la table d'un prince français proscrit, et mangeant dans une vaisselle aux armes royales de France, ne laissait pas d'être, en effet, un spectacle nouveau pour la fille du duc de Modène. J'avais conscience de ma position, mais je l'acceptais bravement, avec toutes ses conséquences, et n'en étais, d'ailleurs, pas autrement embarrassé.

Le dîner dura moins d'une heure, et l'on rentra au salon de la même manière qu'on en était sorti. Ce salon, qui est au rez-de-chaussée, est des plus simples, même assez froid, malgré le vaste poêle allemand dont il est pourvu. Une salle de billard est à côté. Madame la duchesse d'Angoulême y fit sa partie avec M. de Lévis. Plusieurs groupes de causeurs se formèrent dans le salon ; monsieur le duc de Bordeaux allait de l'un à l'autre, et se mêlait aux conversations particulières.

C'est alors seulement que je pus causer un peu avec madame la duchesse de Bordeaux, sans, toutefois, sortir des généralités. Je ne sais si je m'abuse, mais il me semble qu'elle est un peu contrainte... Par qui? Par quoi?... Je l'ignore. Peut-être par la haute dévotion de madame la duchesse d'Angoulême. Toujours est-il qu'elle s'épanouirait, je crois, volontiers.

C'est, en effet, une vie bien solitaire, bien austère, pour une jeune femme qui doit nécessairement rêver la France, Paris, les Tuileries. Princesses ou simples mortelles, est-ce que les femmes ont jamais douté de ce qu'elles désirent? Elle supporte cependant l'exil avec résignation et une grande égalité d'humeur. Elle en trompe les longues heures par l'étude, et lit beaucoup pour abréger le temps. Et puis l'espérance donne du courage et fait supporter bien des choses; magicienne habile, elle transfigure toutes les positions.

Les dames, et la princesse comme les autres, s'assirent autour d'une table, occupées toutes à broder pour la Reine (il faut bien parler une fois la langue du château) un meuble en tapisserie. Madame la duchesse d'Angoulême elle-même vint prendre sa place au cercle, après sa partie de billard. Les groupes se dispersèrent, les hommes se rapprochèrent des femmes Monsieur le duc de Bordeaux prit place sur un canapé, et la causerie devint générale; une causerie toute française.

Il ne fut plus question de politique. Je parlai de mes voyages; monsieur le duc de Bordeaux parla des siens. Il en a fait récemment un, à travers la Hongrie, et en raconta quelques particularités pleines d'intérêt. Il sait voir; et comme, à l'exemple de sa mère, madame la duchesse de Berry, il dessine agréablement, il aime à croquer en passant les sites qui lui plaisent. Lorsque le temps lui manque pour cela, il emmène avec lui un jeune peintre breton, établi à Frohsdorf, dont le crayon supplée le sien.

Le matin j'avais vu le prince, le soir je voyais l'homme. Je fus charmé de sa bonne humeur. Son rire est si franc qu'il est communicatif. Il a la répartie vive et l'esprit français. Il n'a pas toujours raison, mais quoique défendant son opinion pied à pied, il supporte fort patiemment la contradiction. Il s'engagea, à propos de je ne sais plus quoi, une petite discussion, dans laquelle M. de Montbel lui tint tête résolument, et l'avantage resta à M. de Montbel.

Toutes les soirées se passent ainsi ; quelquefois seulement on fait de la musique. Au coup de neuf heures, monsieur le duc et madame la duchesse de Bordeaux se retirent dans leurs appartements; madame la duchesse d'Angoulême en fait autant de son côté, et tout le monde, après eux, quitte le salon. Les habitants du château se réunissent alors d'ordinaire les uns chez les autres, surtout quand il s'y trouve des visiteurs étrangers, et monsieur le duc de Bordeaux se rend assez souvent seul dans ces réunions intimes, tout-à-fait en petit comité. La conversation est là plus familière encore qu'au salon, et l'on y parle de tout avec une entière liberté.

Neuf heures sonnèrent bientôt; monsieur le duc de Bordeaux reçut mes adieux et me fit les siens avec beaucoup de cordialité; sa femme me souhaita un bon voyage, en regrettant sans doute au fond du cœur de n'être pas à ma place, pour aller à Paris;

et, prenant congé de madame la duchesse d'Angoulème : — « Je suis heureux, lui dis-
« je, d'avoir passé une si bonne journée
« en France, au milieu de l'Allemagne.
« — Ah! me répondit-elle, nous voudrions
« bien tous y retourner comme vous! »

Mon fiacre m'attendait à la porte, et je repartis immédiatement. Il faisait un clair de lune ravissant. Quoique si claire, la nuit n'était pas trop froide : à dix heures, j'étais de retour à Neustadt, et un quart-d'heure après j'écrivais (ce que je fais tous les soirs) mon journal de voyage, dans l'auberge du Cerf-d'Or.

POST-SCRIPTUM.

Tel est le récit exact, fidèle jusqu'à la minutie, écrit sur place pour ainsi dire, de cette visite si violemment incriminée. Il ne s'y est rien passé de plus, il ne s'y est rien passé de moins; et de fait, on le voit, il ne s'y est pas passé grand'chose. Ce n'était pas la peine de faire tant de bruit pour si peu.

J'ai expliqué précédemment par quel concours de circonstances j'avais été conduit à faire une publication qui, fussé-je même absous par les intéressés, restera toujours à mes yeux une indiscrétion. Je n'ai pas à revenir là-dessus.

Je me suis présenté à Frohsdorf comme républicain, et c'est comme républicain que j'y ai été reçu ; républicain de la veille, de l'avant-veille, de tous les temps. La République est la dernière forme, la forme définitive des peuples parvenus à l'âge de raison, c'est l'époque de leur majorité. Mineurs jusque là, ils ont besoin de tuteurs ; émancipés désormais, ils entrent alors en jouissance de leurs droits ; la République n'est en un mot que le gouvernement des hommes par eux-mêmes. Comme tous les pouvoirs constitués, elle porte en elle sa propre vitalité. Si elle est née viable, elle vivra, et tous les prétendants du monde, quelles que soient d'ailleurs leurs qualités, ne sauraient prévaloir contre elle.

Qu'il s'agisse d'un débat dynastique, d'une compétition de prince à prince, oh! alors la valeur personnelle des compétiteurs est d'un grand poids dans la balance. Mais nous n'en sommes pas là, que je sache. Eh! vous imaginez-vous par hasard que la République gagnât beaucoup en force, en durée, si l'on imprimait tous les jours au *Moniteur* ou ailleurs que monsieur le duc de Bordeaux ou tout autre prétendant est idiot et bossu? J'aimerais bien mieux qu'on me les peignît tous comme des Antinoüs et des Trajan. Le triomphe de la

République n'en serait que plus éclatant. Sa force doit être en elle-même, non dans la faiblesse de ses ennemis. Ah! ses ennemis les plus dangereux ne sont ni à Frohsdorf ni ailleurs; ils sont dans son propre sein.

Je n'ajouterai rien parce que je n'ai rien à ajouter. Mon intention n'est point d'engager ici une discussion politique sur le mérite relatif des deux principes qui se partagent le monde, l'élection et l'hérédité. *Hic non erat locus.* Tout ce que j'ai voulu ç'a été de peindre, d'après nature, cet intérieur de l'exil qui frappe surtout par la politesse et la dignité. Voilà la tâche que je m'étais proposée, et je l'ai accomplie en conscience, sans ménagement pour personne et sans aucun sacrifice d'opinion. J'ai promis d'être vrai et j'ai été vrai. Le prestige du rang n'a exercé sur moi aucun empire.

Si j'avais trouvé dans le prétendant de l'hérédité un homme frappé d'incapacité, je l'aurais dit sans détour. Que si, au contraire, il m'eût paru un de ces rares génies que l'humanité divinise, je l'aurais dit avec la même impartialité, la même franchise. Aucune considération d'aucun genre n'eût été capable de me faire, en cela, dévier de la ligne droite. Aussi bien, qu'ai-je à craindre, et pourquoi me tairais-je? Je suis, grâce à Dieu, au-dessus de toute crainte, comme de toute espérance; je n'eus jamais qu'une ambition dans ma vie, et je n'ai plus qu'une passion, la vérité.

Aujourd'hui, d'ailleurs, les intérêts en

jeu sont si considérables, les problèmes posés si ardus, si profonds, que les hommes disparaissent dans cette immense mêlée. J'en suis tellement convaincu, pour ma part, que si j'étais législateur, je porterais un décret ainsi conçu : Toutes les familles exilées de France sont libres de rentrer en France. Leur présence, soyez-en sûrs, offrirait moins de périls que leur absence. L'éloignement a mille prestiges, et il est père des illusions. Un danger qu'on voit, qu'on touche, cesse bientôt d'être un danger. C'est la distance, l'inconnu qui enflamment l'imagination des peuples. *È longinquo reverentia.*

Et maintenant, pour en finir, je désavoue formellement toute parole, tout jugement qui ne se trouveraient pas explicitement formulés dans les pages qu'on vient de lire ; je n'ai jamais dit de vive voix, à personne, autre chose que ce que je viens de répéter ici la plume à la main. Je défie qui que ce soit, amis comme ennemis, de me démentir.

FIN.

www.ingramcontent.com/pod-product-compliance
Lightning Source LLC
Chambersburg PA
CBHW070252100426
42743CB00011B/2237